Mensagens *dos* Guias *de*

UMBANDA

CB051666

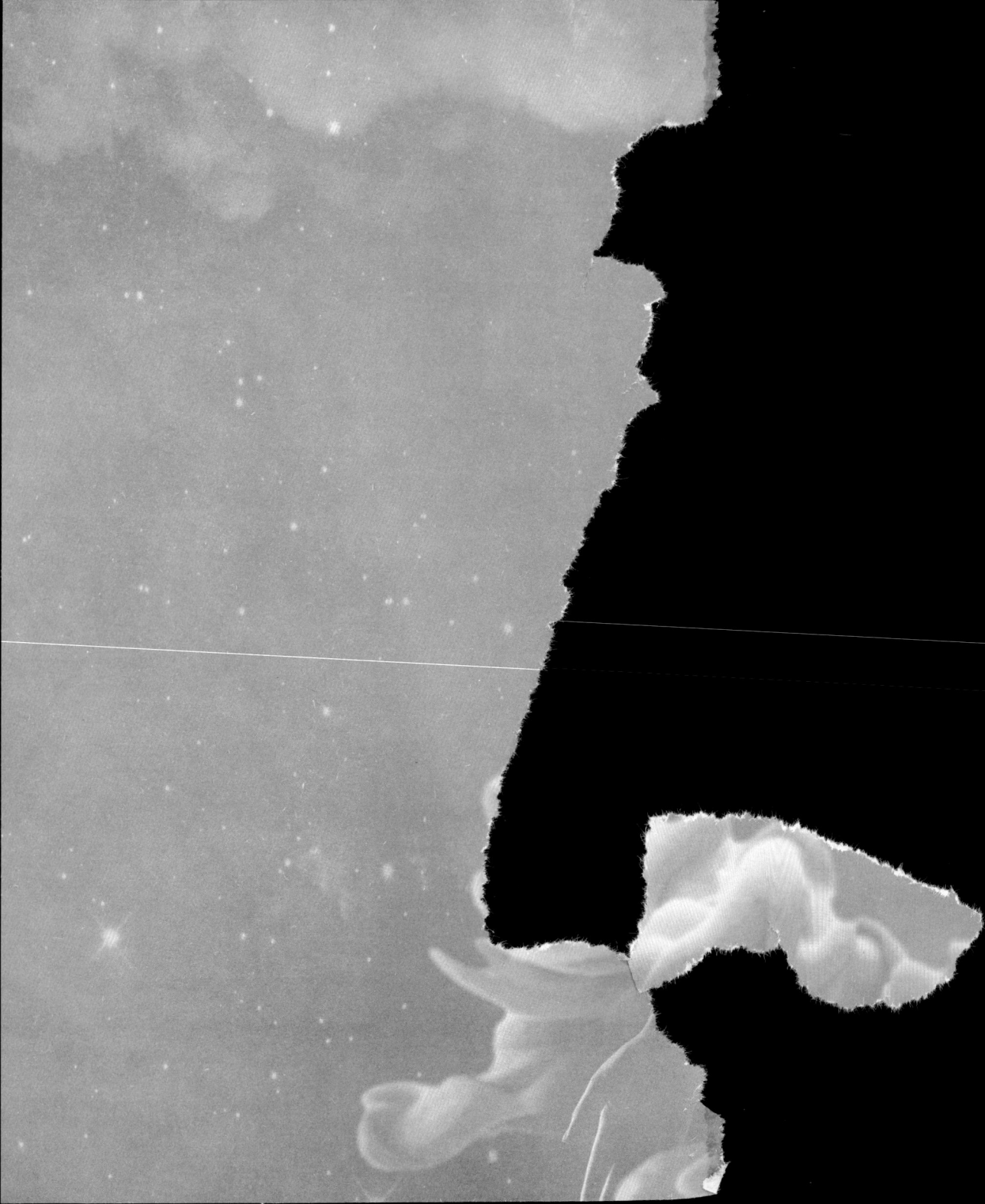

Ademir Barbosa Júnior
(Dermes)

Mensagens *dos* Guias *de*
UMBANDA

ANUBIS

© 2016, Editora Anúbis

Revisão:
Viviane Lago Propheta

Projeto gráfico e capa:
Edinei Gonçalves

Imagem de capa:
iStock.com/Yuri_Arcurs

Apoio cultural:
Rádio Sensorial FM web
www.sensorialfm.com.br

Dados Internacionais de Catalogação na Publicação (CIP)
(Câmara Brasileira do Livro, SP, Brasil)

Barbosa Júnior, Ademir
    Mensagens dos guias de umbanda / Ademir Barbosa
Júnior (Dermes). -- São Paulo: Anúbis, 2016.

    Bibliografia.
    ISBN 978-85-67855-35-6

    1. Espiritualidade 2. Médiuns 3. Mensagens 4. Orixás
5. Umbanda (Culto) I. Título.

16-01182   CDD-299.60981

Índices para catálogo sistemático:
1. Umbanda : Religiões
afro-brasileiras   299.60981

São Paulo/SP – República Federativa do Brasil
Printed in Brazil – Impresso no Brasil

Este livro segue as novas regras do Acordo Ortográfico da Língua Portuguesa.

Distribuição exclusiva
Aquaroli Books
Rua Curupá, 801 – Vila Formosa – São Paulo/SP
CEP 03355-010 – Tel.: (11) 2673-3599
atendimento@aquarolibooks.com.br

Impressão e acabamento: Mark Press Brasil

Para Karol, que me auxilia a manter oásis de solidão criativa.

INTRODUÇÃO

A Espiritualidade tem outro tempo e fala sempre que necessário. Por meio de recados, intuições, ditados, psicografia: os métodos são múltiplos. Lembro-me de uma entrevista para um programa de TV em que me perguntaram por que as religiões de matriz africana são perseguidas. Exu Veludo me soprou como resposta: "Por que são religiões de pretos, pobres e putas". Achei mais diplomático responder que é porque acolhem segmentos sociais historicamente excluídos e marginalizados etc. Seu Veludo é educadíssimo, não fala palavrão, nunca foi vulgar, mas o vocabulário informal poderia assustar o apresentador ou o público.

Depois da experiência com o Sr. Zé Pelintra (*Fala Zé Pelintra – Palavras de Doutor*. São Paulo: Anúbis, 2016), foi-me solicitado um livro pelo Boiadeiro Sr. João do Laço. Algum tempo depois, pelo Sr. Exu Veludo. O mais prático (e de acordo com a possibilidade de tempo) foi fazer um livro único com mensagens de vários Guias. O resultado está aqui.

Algumas poucas mensagens eu tinha. A maioria foi ditada especialmente para o livro, inclusive por uma Guardiã que não trabalha diretamente comigo, mas com uma médium de minhas relações. Interessante que, no caso de algumas comunicações, os Guias usam as saudações que comumente utilizamos para eles no cotidiano dos terreiros, o que reforça a diferença entre a psicofonia e/ou a incorporação e a psicografia e/ou mensagens ditadas ou mesmo intuídas. Outras mensagens são reminiscências de falas em giras.

Minha gratidão a todos os Orixás, Guias e Guardiões que têm a humildade de trabalhar com este médium, eterno aprendiz.

Na Umbanda aprendi a usar branco nos trabalhos da Direita; vermelho e preto nos trabalhos da Esquerda e a não usar ninguém.

Saravá Umbanda! Abraço, gratidão e Axé!

Ademir Barbosa Júnior
(Dermes)

Ponto riscado do Sr. Exu Veludo, que solicitou aparecesse seu ponto no livro para deixar bem claro que orienta e guarda o médium. Portanto, ao contrário de outros trabalhos, fizemos a reprodução.

Muito mais do que meio de identificação de Orixás, Guias e Guardiões, os pontos riscados constituem fundamento de Umbanda, sendo instrumentos de trabalhos magísticos, riscados com pemba (giz), bordados em tecidos etc. Funcionam como chaves, meios de comunicação entre os planos, proteção, tendo, ainda, diversas outras funções, tanto no plano dos encarnados quanto no da Espiritualidade.

O ponto riscado de um determinado Caboclo Pena Branca, por exemplo, embora tenha elementos comuns, poderá diferir do de outro Caboclo Pena Branca. Portanto, pontos riscados que aparecem nos mais diversos materiais de estudos de Umbanda servem de base para a compreensão do tema, mas não devem ser copiados. De qualquer maneira, embora também possam variar, existem elementos comuns para os diversos Orixás (e, consequentemente, para as Linhas que regem).

"todos são irmãos, todos fazem o certo e o errado. A questão é escolher ao lado de quem estar para fazer o certo e aprender com o errado."

Caboclo Sete Flechas

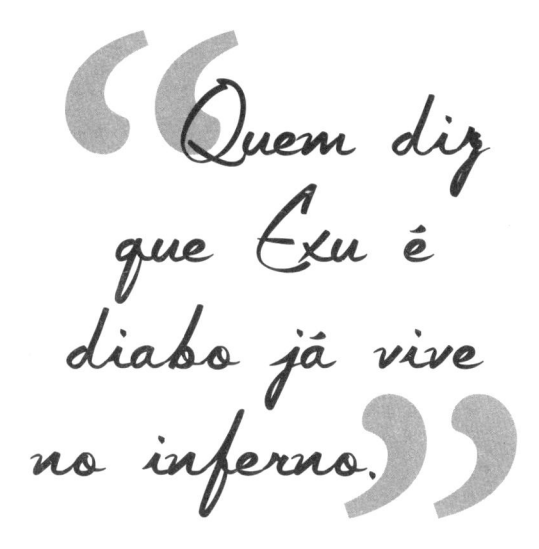

" Quem diz que Exu é diabo já vive no inferno.

Exu Veludo

"Tetruá! Sou João do Laço, boiadeiro a seu dispor. Caminho de manhã, na chuva e no sol, não importa o dia ou o horário. Pedi ao cavalo para gravar minhas memórias, minhas histórias.

Demorou, mas chegou o dia. Vetruá! Boiadeiro não escolhe caminho, não escolhe guiada, vai em frente no sol e na chuva. Quem tem medo da sombra é a morte, não quem viaja de noite. Vetruá!

Boiadeiro João do Laço

" O rio molha os pés e acalma a alma do viajante, do retirante, daquele que parte em busca do que é seu. Por isso o rio deve ser alimentado de pensamentos bons e alegres, caudalosos, de paz. Tetruá!"

Boiadeiro João do Laço

"Quando um boi foge, não adianta se lamentar. É preciso correr atrás, seguir, ver os sinais, as pegadas, a bosta, com o perdão da palavra. Não é preciso fazer alarde, mas chamar com o berrante quando preciso. Jetruá! **"**

Boiadeiro João do Laço

"*A pior coisa na vida é a preguiça. A pessoa não faz o que tem de fazer e culpa os outros pela própria desgraça. Então crie vergonha na cara, acorde cedo e faça*

o que tem de fazer
sem se lamentar,
sem culpar ninguém,
assumindo sua
responsabilidade
e aproveitando
a oportunidade
que Deus lhe
deu. Laroiê!"

Exu Veludo

"A importância das crianças é grande. São elas que trazem alegria, leveza, questionam a sisudez dos adultos, o rancor, a cara amarrada.

Tratem bem as crianças, como Jesus pediu, e sua vida será mais leve, mais próspera e saudável. Laroiê!"

Exu Veludo

> **Ninguém pode comigo, eu posso com tudo não porque sou poderoso, mas porque trabalho e ponto. Ha ha ha! Laroiê!**

Exu Veludo

"Sou a Pombagira Sete Saias e trabalho para o amor, não para o amor amarração, pois isso não é amor, mas para o amor verdadeiro, do sentimento, da alegria, da realização.

Então, não me peçam nada errado, que eu não vou ajudar. Peçam para viver o amor e terão em mim uma amiga, uma mãe, uma mestra. Ha ha ha!"

Pombogira Sete Saias do Cabaré

"Homens e
mulheres não
nasceram para
ser subjugados.
O amor não subjuga
ninguém, mas liberta,
tem uma suavidade
mesmo na dor,
e a dor vem,

pois também é aprendizado. Não existe rosa sem espinho. Não existe amor sem dor, mas o amor sempre é maior.

Pombogira Sete Saias do Cabaré

"Boa noite pra quem é de boa noite! Meu nome é Maria Bueno e vim hoje fazer um ditado para meu cavalo. Que cada qual se mantenha em pé e não tropece nas próprias pernas, pois é o que mais tem acontecido neste mundo, com todos depois culpando a espiritualidade, o diabo, o marido etc. Se não sabe sambar, não entre na roda. Se não sabe jogar, não entre na capoeira. Se não sabe tocar, não bula no instrumento."

Malandra Maria Bueno

"tem muita mulher sendo passada pra trás porque gosta. Sim, porque gosta mesmo. Recebe os recados, sabe que deve tomar cuidado, mas insiste em caminhar com macho que lhe derruba.

Mensagens *dos* Guias *de* Umbanda

Depois não adianta reclamar, chorar e dizer que não sabia. Sabia sim e fez sua escolha. O mesmo vale pra tanto moço que usa chapéu na cabeça, mas não sabe pensar. **"**

Malandra Maria Bueno

> **"Se eu uso navalha? Uso, mas uso primeiro a inteligência. Senão, minha navalha não corta é nada."**
>
> Malandra Maria Bueno

"Cada qual
faz seu trabalho.
Meu cavalo se
preocupa se vão
entender os pontos
que falam de inferno,
diabo, lúcifer etc.
Eu dou risada e
faço meu trabalho.
Se entendem ou
não, falam mal de

Exu do mesmo jeito, não dá para eu perder tempo explicando. tenho mais o que fazer e é muita coisa, assim como vocês. Cada um faz o que lhe compete.

Exu Veludo

"Outro dia um moço por aí disse que Exu não é mentor. Só se for o Exu Veludo que sobe na corcova dele e nem gargalhar sabe. Quero ver se esse Veludo sabe queimar fundanga, fazer limpeza etc. O Veludo dele pode não ser mentor, mas Exu é vida, conhecimento, ensinamento e é mentor sim, pois o Pai nos deu essa função. Primeiro aprenda o que é Exu antes de querer imitar. Ha ha ha!"

Exu Veludo

"*Exu não é mal, Exu cumpre a Lei. Quem fez a Lei não fui eu, foi o Pai. Saiu da linha,*

saiu da Lei, não
é Exu. É tão
difícil assim
diferenciar?
Ha ha ha!"

Exu Veludo

CABARÉ

"Muita gente foi buscar prazer e encontrou amor. Muita gente foi buscar amor e encontrou a morte."

Pombogira Sete Saias do Cabaré

"Não sou feita de farrapos, sou feita de retalhos. Cada um conta um pedacinho da minha história costurada por risos e lágrimas."

Se quiser me conhecer, me procure onde realmente estou, não onde seu preconceito me coloca.

Pombogira Maria Molambo

"*Ah, o amor pode fazer perder, mas se for amor verdadeiro faz encontrar.*

Então veja se é realmente amor, ou o amor está apenas no nome. Ha ha ha!"

Pombogira Maria Molambo

"Há perfumes de tipos diversos. Existe a fragrância da pele de cada um. O que não pode faltar no amor é cheiro."

Pombogira Maria Molambo

"Minha navalha só corta coisa ruim, não corta a carne de ninguém. Minha bengala ajuda a caminhar e, se derruba, é para aprendizado e com ordem da Lei.

50

Meu sapato caminha comigo, não no caminho oposto. Meu chapéu vira e revira embalando malandro. Nem tudo o que reluz é ouro, mas tudo o que toco é para fazer brilhar.

Zé Pelintra

"Dores do amor são genuínas, não se pode desprezá-las. Mas é muito importante direcionar o sentimento, agir pela razão para não se quebrar a cara. E, quando

se quebra, pois
às vezes acontece,
é preciso cair com
desenvoltura e saber
levantar, alinhando o
terno para que nada
fique amarfanhado.
Um sorriso derruba
mais que golpe
de capoeira. "

Zé Pelintra

"tenham em mim um companheiro sincero. E companheiro sincero não fala apenas para agradar, ainda que use de muito tato para não chocar, ofender ou magoar. Amigo sincero vale ouro, mas não tem preço nem cotação. ""

Zé Pelintra

"Crianças não são perturbação. Não devem ser mimadas, não devem ter tudo o que quer, não nascem para ter caprichos atendidos. Mas não são perturbação.

Mensagens *dos* Guias *de* Umbanda

É preciso pensar antes de tê-las e, quando vêm, sejam acolhidas como ensinou o Mestre dos Mestres, o Amigo dos Amigos."

Zé Pelintra

> **"Malandro que é Malandro não canta de galo em terreiro dos outros. Isso também vale para médiuns em desenvolvimento."**

Zé Pelintra

> **"Às vezes a fumaça do cachimbo de um Preto-Velho é a única vela que um irmão enxerga na caminhada."**

Pai João de Angola

> **"Não adianta vir ao terreiro com os pés no chão e o coração calçado."**

Pai João de Angola

"Irradiações de paz e luz sobre todos. Não existe lixo, existe aprendizado, solução, segredos que vêm à tona. Nada se *esconde sob o sol ou o clarão da lua. Nada se esconde para o coração.*

Pombogira Maria Molambo

"*No meio da noite o silêncio, a palavra justa, a redenção do espírito. O silêncio diz muito.*

Basta ver os olhos de uma pessoa a nos olhar. Por isso o silêncio. **"**

Pombogira Maria Molambo

> **Não tenho medo das sombras, pois caminho por elas. Não tenho medo do sol porque ele me aquece.**

Não tenho medo
do frio, pois
tenho meus trapos.
Não tenho medo.
tenho tempo. 99

Pombogira Maria Molambo

> "Se o moço me trouxer flores abro um sorriso. Se me trouxer seu coração, abro o meu."

Pombogira Maria Molambo

> **"As lições não se perdem com o tempo. O que se perde é a vontade de aprender."**

Pombogira Maria Molambo

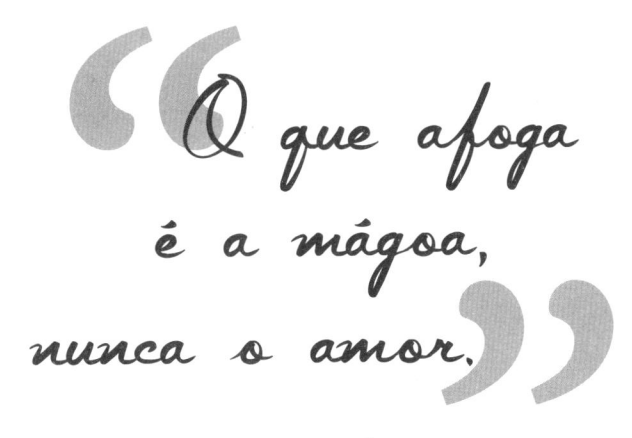

> **"O que afoga
> é a mágoa,
> nunca o amor."**
>
> Zé Marinho

> "Um amor em cada porto para espantar a solidão. Sete portos, sete novas solidões chamando por mim."

Zé Marinho

> *Marinheiro fuma no navio com chuva e apesar das ondas, não porque desafia a natureza, mas porque aprendeu a usar o quepe.*

Zé Marinho

> *"Marinheiro balança e bebe, bebe e balança. Quero ver quem balança sem beber explicar por que faz assim."*

Zé Marinho

MARINHEIROS

Os marinheiros apreciam o álcool, o qual deve ser servido com parcimônia, com o intuito de regular o magnetismo desses espíritos, que, dessa maneira, se equilibram melhor em e com seus médiuns. Locomovem-se para frente e para trás em virtude do magnetismo aquático.

Alegres, brincalhões, amigáveis, identificam-se com a vida no mar, à qual estavam ligados quando encarnados (homens ou mulheres) como marujos, capitães, piratas, pescadores e outros. Atuam principalmente no desmanche de demandas, em casos de doença e no descarrego de ambientes onde ocorrem trabalhos espirituais. Literalmente lavam e purificam. Também dão consultas e passes. Toda a energia deletéria é encaminhada para o fundo do mar.

A origem dessa Linha, sem dúvida, é Iemanjá, contudo os Marinheiros trabalham sob a irradiação de diversos Orixás. Chefiados por Tarimá, costumam andar em grupo. Alguns marinheiros: Chico do Mar, Maria do Cais, Seu Gererê, Seu Iriande, Seu Marinheiro Japonês, Seu Martim Pescador.

Saudação: É da Marinha! ou É do Mar!

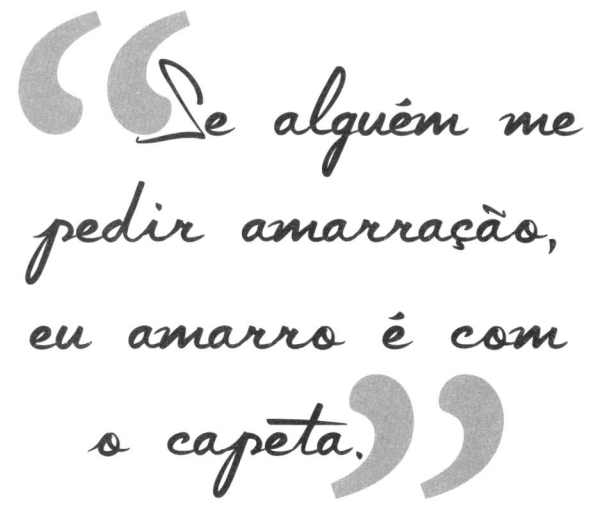

> **Se alguém me pedir amarração, eu amarro é com o capeta.**

Crispim, erê

A Umbanda não crê no tradicional inferno cristão nem em um ser totalmente mal, como o Diabo. A fala do erê é um divertido alerta contra amarrações, além de lembrar que semelhante atrai semelhante.

"Seu Zé sempre gostou de comer na cama, com o torso nu, pratos elegantes e com talheres finos. Mas, quando precisou, Seu Zé comeu farofa com a mão, pois, para quem tem fome, pode faltar talher, mas não comida."

Zé Pelintra

"Bondade é um dom pertinente à alma humana. Quando se deixa de ser bom, deixa-se um pouco de ser humano para ser um animal somente. É preciso resgatar a bondade nas atitudes cotidianas, com serenidade e desapego. Assim é a bondade, que nada exige, nada aponta, apenas favorece a quem dá e a quem recebe. "

Zé Pelintra

"Seu Zé não
entende de todas as
modernidades, mas
aprendeu muito em seu
tempo e principalmente
no plano espiritual.
Algumas coisas
mudam, outras
parecem ser eternas,
como o egoísmo,
a maledicência,

a arrogância, o julgamento. Obedecer às leis da natureza é tornar-se cada dia mais próximo de Deus. Não se luta contra a natureza, mas se deve aprender a equilibrá-la, sempre.

Zé Pelintra

"Seu Zé não toma bonde, anda a pé no amanhecer

Seu Zé só cai de pé aconteça o que acontecer

*Malandro não
tem trejeito e vive
com lealdade*

*Zé Pelintra
é brejeiro, mas
não gosta de
falsidade.* **99**

Zé Pelintra

"Cavalo de Zé Pelintra corre, mas não relincha. Se reclamar muito é porque não vê a beleza da vida, *não dança, não ama, não canta. Então o que veio fazer neste mundo? Sofrer?* **"**

Zé Pelintra

"Zé Pelintra das Almas trabalha em muitos caminhos

Vê beleza em caveiras e até lhe arranca sorrisos

Porque vê a
própria essência de
cada desencarnado

Olha a alma,
e não o corpo,
esteja em qualquer
estado."

Zé Pelintra

"Seu Zé nunca jogou contra desavisados. No cabaré, procurava fazer justiça arrancando dinheiro daqueles que acumulavam com o suor dos meus patrícios nas lavouras de cacau.

Achava que era justiça, era vingança. Cada vez que vejo o Axé de uma pombogira num chocolate, penso no cacau, penso em tudo."

Zé Pelintra

"Qual a carta de maior valor do baralho? Aquela que está em minha manga,

ainda mais que,
quando venho
em meu cavalo,
nem minha manga
vocês veem. 💬

Zé Pelintra

"Ah pois, peste, que o cavalo demorou a entender que era eu que falava hoje, embora eu tenha sido o primeiro quando ele começou a incorporar. Sou o baiano Severino, cangaceiro, luto muito, falo pouco, risco o chão com minha peixeira. Sou de paz,

não sou de guerra e venho
lembrar vances sobre
a importância da luta.
Não se abandonem, não
se entreguem, não passem
fome, não passem sede,
não deixem o sol escaldar
a moleira. tenham fé,
tenham atitude, iniciativa
e nada vai lhes faltar.
Ah pois, peste. ,,

Baiano Severino (Cangaceiro)

CANGAÇO

Por vezes confundida com a Linha da Bahia, agrega espíritos de antigos cangaceiros ou afins que hoje usam seus conhecimentos para proteção, limpeza, defesa e outros. Alguns de seus nomes: Maria Bonita, Corisco, Zóio Furado etc.

"Se alguém duvidar da mediunidade de qualquer um daqui de dentro[1], começando pela da moça da Dona Padilha[2] e a do meu cavalo[3],

---

1. T. U. Iansã Matamba e Caboclo Jiboia (TUIMCAJ).
2. Mãe Karol de Iansã.
3. Pai Pequeno Dermes de Xangô.

eu quebro todas as taças que têm aqui, ando em cima do vidro, mas depois eu faço a pessoa comer e ainda jogo minha fundanga[4] em cima.

Exu Veludo

---

4. Pólvora.

ANEXO – A UMBANDA

SIGNIFICADO

Em linhas gerais, etimologicamente, Umbanda é vocábulo que decorre do Umbundo e do Quimbundo, línguas africanas, com o significado de "arte de curandeiro", "ciência médica", "medicina". O termo passou a designar, genericamente, o sistema religioso que, dentre outros aspectos, assimilou elementos religiosos afro-brasileiros ao espiritismo urbano (kardecismo).[5]

Quanto ao sentido espiritual e esotérico, Umbanda significa "luz divina" ou "conjunto das leis

---

5. Embora não seja consenso o uso do termo "Kardecismo" como sinônimo de "Espiritismo", ele é aqui empregado por ser mais facilmente compreendido.

divinas". A magia branca praticada pela Umbanda remontaria, assim, a outras eras do planeta, sendo denominada pela palavra sagrada Aumpiram, transformada em Aumpram e, finalmente, Umbanda.

De qualquer maneira, houve quem tivesse anotado, durante a incorporação do Caboclo das Sete Encruzilhadas anunciando o nome da nova religião, o nome "Allabanda", substituído por "Aumbanda", em sânscrito, "Deus ao nosso lado" ou "o lado de Deus".

Conhecida nos meios esotéricos como a Senhora da Luz Velada, a Umbanda se revela à compreensão humana, pouco a pouco, de modo a acolher e agregar todos aqueles que desejem abrigar-se e/ou trabalhar sob sua bandeira sincrética e, portanto, ecumênica.

Na Umbanda não se faz nada que fira o livre-arbítrio, assim como na Espiritualidade nada acontece que fira as Leis Divinas, cujos pressupostos conhecemos apenas palidamente. Conforme um lindo ponto cantado, "na minha aldeia/lá na Jurema/ ninguém faz nada sem ordem suprema".

A Umbanda é uma religião inclusiva, acolhendo a todos, no plano astral e no plano físico, indistintamente. Todos os que desejem engrossar

suas fileiras de serviço ao próximo concomitante ao autoaperfeiçoamento são bem-vindos. Não há distinção de cor, classe social, orientação/condição sexual e/ou de gênero etc.

As portas estão sempre abertas a todos que desejem frequentar as giras, os tratamentos espirituais, as festas, contudo a Umbanda não faz proselitismo e a decisão de se tornar umbandista e filiar-se a determinada casa é pessoal e atende também à identificação ou não dos Orixás com a casa em questão.

Tanto para entrar como para sair as portas estão abertas. Se algum desequilíbrio ocorre com o médium, em especial se resolve deixar a casa, certamente não é "castigo" do Orixá, mas porque está com a coroa aberta. Imagine-se um rádio mal sintonizado, captando sons confusos, às vezes até mesmo incompreensíveis. Quando se trabalha responsavelmente com energias, o que se abre se fecha. Dessa forma, se alguém decide encerrar suas atividades como médium (de qualquer categoria), é necessário e mais prudente não desaparecer do terreiro, mas pedir que o dirigente espiritual "retire a mão", como se diz comumente.

Cuidar do Ori (da cabeça) de alguém é uma grande responsabilidade. A fim de não haver choques energéticos, o médium deve ser disciplinado, não "pular de casa em casa" e, também em caso de falecimento do/da dirigente espiritual, buscar auxílio seguro com quem possa assumir os cuidados de sua cabeça.

Por vários métodos seguros que se completam um médium conhece seus Orixás, Guias e Guardiões. Em uma casa de Umbanda (há quem tenha mediunidade ostensiva, mas nunca chegue a um templo umbandista), por exemplo, pela orientação e supervisão seguras do Guia da casa; pelos pontos riscados pelas Entidades quando o médium incorpora; pela terceira visão (acompanhada pelo Guia da casa) e, sobretudo, pelo jogo de búzios feito pelo dirigente espiritual ou pelo próprio Guia da casa onde essa prática é comum.

Infelizmente, a diversidade de fundamentos (circula nas redes sociais uma campanha extremamente saudável com o slogan "Respeite a Umbanda que seu irmão cultua!") por vezes é confundida com irresponsabilidade. Promessas de amarração e de se trazer o amor de volta (querendo ele ou não), mistificações diversas, animismo de médiuns indisciplinados e outras situações gravíssimas acirram o desconhecimento e o preconceito contra a

Umbanda e as religiões de matriz africana como um todo. Pelo fato de ter nascido em solo brasileiro e ser caracteristicamente sincrética, a Umbanda é chamada de religião genuinamente brasileira. Obviamente não é a única religião a nascer no Brasil. O próprio Candomblé, tal qual o conhecemos, nasceu no Brasil, e não em África, uma vez que naquele continente o culto aos Orixás era segmentado por regiões (cada região e, portanto, famílias/clãs cultuavam determinado Orixá ou apenas alguns).

No Brasil os Orixás tiveram seus cultos reunidos em terreiros, com variações, evidentemente, assim como com interpenetrações teológicas e litúrgicas das diversas nações. Há outras religiões que nasceram em solo brasileiro, como por exemplo, mais recentemente, o Vale do Amanhecer, que também cultua a seu modo Orixás, Pretos Velhos e Caboclos.

FORMAÇÃO

"Seita" geralmente refere-se pejorativamente a grupos de pessoas com práticas espirituais que destoem das ortodoxas.

A Umbanda, por outro lado, é uma religião constituída, com fundamentos, teologia própria, hierarquia, sacerdotes e sacramentos. Suas sessões são gratuitas, voltadas ao atendimento holístico (corpo, mente, espírito), à prática da caridade (fraterna, espiritual, material), sem proselitismo. Em sua liturgia e em seus trabalhos espirituais vale-se do uso dos quatro elementos básicos: fogo, terra, ar e água.

É muito interessante fazer o estudo comparativo da utilização dos elementos, tanto por encarnados como pela Espiritualidade, na Umbanda, no Candomblé, no Xamanismo, na Wicca, no Espiritismo (vide obra de André Luiz), na Liturgia Católica (leia-se o trabalho de Geoffrey Hodson, sacerdote católico liberal) etc.

Histórico

Este é um breve histórico do nascimento oficial da Umbanda, embora, antes da manifestação do Caboclo das Sete Encruzilhadas e do trabalho de Zélio Fernandino, houvesse atividades religiosas semelhantes ou próximas, no que se convencionou

chamar de macumba[6]. No Astral, a Umbanda antecipa-se em muito ao ano de 1908 e diversos segmentos localizam sua origem terrena em civilizações e continentes que já desapareceram.

Zélio Fernandino de Moraes, um rapaz de 17 que se preparava para ingressar na Marinha, em 1908 começou a ter aquilo que a família, residente em Neves, no Rio de Janeiro, considerava ataques.

Os supostos ataques colocavam o rapaz na postura de um velho, que parecia ter vivido em outra época e dizia coisas incompreensíveis para os familiares; noutros momentos, Zélio parecia uma espécie de felino que demonstrava conhecer bem a natureza.

Após minucioso exame, o médico da família aconselhou fosse ele atendido por um padre, uma vez que considerava o rapaz possuído. Um familiar achou melhor levá-lo a um centro espírita, o que realmente aconteceu: no dia 15 de novembro Zélio foi convidado a tomar assento à mesa da sessão da Federação Espírita de Niterói, presidida à época por José de Souza.

---

6. O termo aqui não possui aqui obviamente conotação negativa.

Tomado por força alheia à sua vontade e infringindo o regulamento que proibia qualquer membro de ausentar-se da mesa, Zélio levantou-se e declarou: "Aqui está faltando uma flor". Deixou a sala, foi até o jardim e voltou com uma flor, que colocou no centro da mesa, o que provocou alvoroço. Na sequência dos trabalhos, manifestaram-se nos médiuns espíritos apresentando-se como negros escravos e índios. O diretor dos trabalhos, então, alertou os espíritos sobre seu atraso espiritual, como se pensava comumente à época, e convidou-os a se retirarem. Novamente uma força tomou Zélio e advertiu: "Por que repelem a presença desses espíritos, se nem sequer se dignaram a ouvir suas mensagens? Será por causa de suas origens sociais e da cor?".

Durante o debate que se seguiu, procurou-se doutrinar o espírito, que demonstrava argumentação segura e sobriedade. Um médium vidente, então, lhe perguntou: perguntou: "Por que o irmão fala nestes termos, pretendendo que a direção aceite a manifestação de espíritos que, pelo grau de cultura que tiveram, quando encarnados, são claramente atrasados? Por que fala deste modo, se estou vendo que me dirijo neste momento a um jesuíta e a sua

veste branca reflete uma aura de luz? E qual o seu nome, irmão?" Ao que o interpelado respondeu: "Se querem um nome, que seja este: sou o Caboclo das Sete Encruzilhadas, porque para mim, não haverá caminhos fechados. O que você vê em mim, são restos de uma existência anterior. Fui padre e o meu nome era Gabriel Malagrida. Acusado de bruxaria, fui sacrificado na fogueira da Inquisição em Lisboa, no ano de 1761. Mas em minha última existência física, Deus concedeu-me o privilégio de nascer como caboclo brasileiro."

A respeito da missão que trazia da Espiritualidade, anunciou: "Se julgam atrasados os espíritos de pretos e índios, devo dizer que amanhã estarei na casa de meu aparelho, às 20 horas, para dar início a um culto em que estes irmãos poderão dar suas mensagens e, assim, cumprir missão que o Plano Espiritual lhes confiou. Será uma religião que falará aos humildes, simbolizando a igualdade que deve existir entre todos os irmãos, encarnados e desencarnados."

Com ironia, o médium vidente perguntou-lhe: "Julga o irmão que alguém irá assistir a seu culto?" O Caboclo das Sete Encruzilhadas lhe respondeu: "Cada colina de Niterói atuará como porta-voz, anunciando o culto que amanhã iniciarei." E concluiu: "Deus, em sua infinita Bondade, estabeleceu na morte o grande nivelador universal, rico ou pobre, poderoso ou humilde, todos se tornariam iguais na morte, mas vocês, homens preconceituosos, não contentes em estabelecer diferenças entre os vivos, procuram levar essas mesmas diferenças até mesmo além da barreira da morte. Por que não podem nos visitar esses humildes trabalhadores do espaço, se apesar de não haverem sido pessoas socialmente importantes na Terra, também trazem importantes mensagens do além?"

No dia seguinte, 16 de novembro, na casa da família de Zélio, à rua Floriano Peixoto, 30, perto das 20h, estavam os parentes mais próximos, amigos, vizinhos, membros da Federação Espírita e, fora da casa, uma multidão. Às 20h manifestou-se o Caboclo das Sete Encruzilhadas e declarou o início do novo culto, no qual os espíritos de velhos escravos, que não encontravam campo de atuação em outros cultos africanistas, bem como de indígenas nativos do Brasil trabalhariam em prol dos irmãos encarnados, independentemente de cor, raça, condição social e credo. No novo culto, encarnados e

desencarnados atuariam motivados por princípios evangélicos e pela prática da caridade.

O Caboclo das Sete Encruzilhadas também estabeleceu as normas do novo culto: as sessões seriam das 20h às 22h, com atendimento gratuito e os participantes uniformizados de branco. Quanto ao nome seria Umbanda: Manifestação do Espírito para a Caridade. A casa que se fundava teria o nome de Nossa Senhora da Piedade, inspirada em Maria, que recebeu o filho nos braços. Assim a casa receberia todo aquele que necessitasse de ajuda e conforto. Após ditar as normas, o Caboclo respondeu a perguntas em latim e alemão formuladas por sacerdotes ali presentes. Iniciaram-se, assim, os atendimentos, com diversas curas, inclusive a de um paralítico.

No mesmo dia, manifestou-se em Zélio um Preto-Velho chamado Pai Antônio, o mesmo que havia sido considerado efeito da suposta loucura do médium. Com humildade e aparente timidez, recusava-se a sentar-se à mesa, com os presentes, argumentando: "Nego num senta não, meu sinhô, nego fica aqui mesmo. Isso é coisa de sinhô branco e nego deve arrespeitá". Após insistência dos

presentes, respondeu: "Num carece preocupá, não. Nego fica no toco, que é lugá de nego".[7]

Continuou com palavras de humildade, quando alguém lhe perguntou se sentia falta de algo que havia deixado na Terra, ao que ele respondeu: "Minha cachimba. Nego qué o pito que deixou no toco. Manda mureque buscá". Solicitava, assim, pela primeira vez, um dos instrumentos de trabalho da nova religião. Também foi o primeiro a solicitar uma guia, até hoje usada pelos membros da Tenda, conhecida carinhosamente como Guia de Pai Antônio.

No dia seguinte houve verdadeira romaria à casa da família de Zélio. Enfermos encontravam a cura, todos se sentiam confortados, médiuns até então considerados loucos encontravam terreno para desenvolver os dons mediúnicos.

O Caboclo das Sete Encruzilhadas dedicou-se, então, a esclarecer e divulgar a Umbanda, auxiliado diretamente por Pai Antônio e pelo Caboclo Orixá Malê, experiente na anulação de trabalhos de baixa magia. No ano de 1918, o Caboclo das Sete Encruzilhadas recebeu ordens da Espiritualidade

---

7. Certamente trata-se de um convite à humildade, e não de submissão e dominação racial.

para fundar sete tendas, assim denominadas: Tenda Espírita Nossa Senhora da Guia, Tenda Espírita Nossa Senhora da Conceição, Tenda Espírita Santa Bárbara, Tenda Espírita São Pedro, Tenda Espírita Oxalá, Tenda Espírita São Jorge e Tenda Espírita São Jerônimo. Durante a encarnação de Zélio, a partir dessas primeiras tendas, foram fundadas outras 10.000.

Mesmo não seguindo a carreira militar, pois o exercício da mediunidade não lhe permitiu, Zélio nunca fez da missão espiritual uma profissão. Pelo contrário, chegava a contribuir financeiramente, com parte do salário, para as tendas fundadas pelo Caboclo das Sete Encruzilhadas, além de auxiliar os que se albergavam em sua casa. Também pelo conselho do Caboclo, não aceitava cheques e presentes.

Por determinação do Caboclo, a ritualística era simples: cânticos baixos e harmoniosos, sem palmas ou atabaques, sem adereços para a vestimenta branca e, sobretudo, sem corte (sacrifício de animais). A preparação do médium pautava-se pelo conhecimento da doutrina, com base no Evangelho, banhos de ervas, amacis e concentração nos pontos da natureza.

Com o tempo e a diversidade ritualística, outros elementos foram incorporados ao culto, no que tange ao toque, canto e palmas, às vestimentas e mesmo a casos de sacerdotes umbandistas que passaram a dedicar-se integralmente ao culto, cobrando, por exemplo, pelo jogo de búzios onde o mesmo é praticado, porém sem nunca deixar de atender àqueles que não podem pagar pelas consultas. Mas as sessões permanecem públicas e gratuitas, pautadas pela caridade, pela doação dos médiuns. Também algumas casas, por influência dos Cultos de Nação, praticam o corte, contudo essa é uma das maiores diferenças entre a Umbanda dita tradicional e as casas que se utilizam de tal prática.

Depois de 55 anos à frente da Tenda Nossa Senhora da Piedade, Zélio passou a direção para as filhas Zélia e Zilméa, continuando, porém, a trabalhar juntamente com sua esposa, Isabel (médium do Caboclo Roxo), na Cabana de Pai Antônio, em Boca do Mato, em Cachoeira de Macacu, no Rio de Janeiro.

Zélio Fernandino de Moraes faleceu no dia 03 de outubro de 1975, após 66 anos dedicados à Umbanda, que muito lhe agradece.

MATRIZES

Embora chamada popularmente de religião de matriz africana, na realidade, a Umbanda é um sistema religioso formado de diversas matrizes, com diversos elementos cada:

Matrizes	Elementos mais conhecidos
Africanismo	Culto aos Orixás, trazidos pelos negros escravos, em sua complexidade cultural, espiritual, medicinal, ecológica etc.; culto aos Pretos-Velhos.
Cristianismo	Uso de imagens, orações e símbolos católicos (a despeito de existir uma Teologia de Umbanda, própria e características, algumas casas vão além do sincretismo, utilizando-se mesmo de dogmas católicos).[8]
Indianismo	Pajelança; emprego da sabedoria indígena ancestral em seus aspectos culturais, espirituais, medicinais, ecológicos etc.; culto aos caboclos indígenas ou de pena.

8. Há, por exemplo, casas de Umbanda com fundamentos teológicos próprios, enquanto outras rezam o terço com os mistérios baseados nos dogmas católicos e/ou se utilizam do Credo Católico, onde se afirma a fé na Igreja Católica (conforme indicam Guias, Entidades e a própria etimologia, leia-se "católica" como "universal", isto é, a grande família humana), na Comunhão dos Santos, na ressurreição da carne, dentre outros tópicos da fé católica. Isso em nada invalida a fé, o trabalho dos Orixás, das Entidades, das Egrégoras de Luz formadas pelo espírito, e não pela letra da recitação amorosa e com fé do Credo Católico.

Matrizes	Elementos mais conhecidos
Kardecismo	Estudo dos livros da Doutrina Espírita, bem como de sua vasta bibliografia; manifestação de determinados espíritos e suas egrégoras, mais conhecidas no meio Espírita (como os médicos André Luiz e Bezerra de Menezes); utilização de imagens e bustos de Allan Kardec, Bezerra de Menezes e outros; estudo sistemático da mediunidade; palestras públicas.
Orientalismo	Estudo, compreensão e aplicação de conceitos como prana, chacra e outros; culto à Linha Cigana (que em muitas casas vem, ainda, em linha independente, dissociada da chamada Linha do Oriente).

Por seu caráter ecumênico, de flexibilidade doutrinária e ritualística, a Umbanda é capaz de reunir elementos os mais diversos, como os sistematizados acima. Mais adiante, ao se tratar das Linhas da Umbanda, veremos que esse movimento agregador é incessante: como a Umbanda permanece de portas abertas aos encarnados e aos espíritos das mais diversas origens étnicas e evolutivas, irmãos de várias religiões chegam aos seus templos em busca de saúde, paz e conforto espiritual, bem como outras falanges espirituais juntam-se à sua organização.

O AUTOR

Ademir Barbosa Júnior (Dermes) é umbandista, escritor, pesquisador e Pai Pequeno da Tenda de Umbanda Iansã Matamba e Caboclo Jiboia, dirigida por sua esposa, a escritora e blogueira Mãe Karol Souza Barbosa.

Contatos:

E-mail: ademirbarbosajunior@yahoo.com.br.

WhatsApp: 47 97741999.

Outras publicações

FALA ZÉ PELINTRA – PALAVRAS DE DOUTOR

Ademir Barbosa Júnior (Dermes) – Ditado pelo Sr. Zé Pelintra

A vida precisa ser trilhada com sabedoria. Malandragem é saber dançar conforme as possibilidades e sem perder o passo, é jogar capoeira e aprender a cair para não cair, é não perder tempo com besteira, com supérfluo, com suposições e aproveitar cada instante, fazendo comungar o corpo e o espírito. Isso é Malandragem.

Malandro não tira nada de ninguém, mas está por perto quando a fruta mais doce cai, quando a flor mais linda brota, quando o vento melhor passa, quando a chuva mais refrescante desce do céu. Malandragem é estar no aqui e agora, sem se deixar escravizar.

Formato: 14 x 21 cm – 160 páginas

BÚZIOS – A LINGUAGEM DOS ORIXÁS

Ademir Barbosa Júnior (Dermes)

Este livro faz uma apresentação do que sejam os búzios, os Odus, os Orixás mais diretamente ligados a esse sistema oracular e outras tantas informações. Serve como referência para que o leitor conheça um pouco mais a respeito do tema e tenha critérios para selecionar as pessoas de sua confiança para jogar e interpretar. Também proporciona ao leitor a oportunidade de meditar e aprofundar-se no autoconhecimento a partir do conhecimento básico dos principais caminhos (Odus).

Formato: 16 x 23 cm – 160 páginas